在　紫禁城

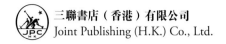

三聯書店（香港）有限公司
Joint Publishing (H.K.) Co., Ltd.

目 錄

序　繼往開來，傳承文化

　　長久以來，我時常感受到故宮書籍的出版之於文化傳承的重要性。這種傳承除了學術上的推陳出新、藝術上的多彩呈現、宣傳上的傳播引導之外，還有一則，那就是用更加活潑、新穎、親切的方式培養我們未來的知音，讓更多的小朋友發自內心地喜歡故宮，從而走進故宮、了解故宮，繼承並發揚故宮蘊含的傳統文化的光輝。

　　很高興設計及文化研究工作室的趙廣超先生及其團隊，如此精心地打造這套《我的家在紫禁城》系列。我相信，這個系列能讓小朋友在掌握知識、感受傳統文化的同時，亦能津津有味、興趣盎然地閱讀它。就是像你我這樣的成年人，也可以藉著本書，一同來回味那已逝的童真，並輕鬆地欣賞故宮文化的廣博！

王亞民

故宮博物院原常務副院長暨故宮出版社社長

北京的紫禁城是明、清兩代皇帝的家，據說在明代宮廷最熱鬧的時候，竟然有 10 萬個太監，服侍皇上的宮女也有 7,000 人之多，十分奢侈。到了清代，皇家奉行節儉，太監和宮女的數目逐漸下降，到清朝終結前夕的小朝廷，宮中只剩下一、二百人，一切彷彿都消失在歷史的巨輪下……忽地，皇宮禁院搖身一變，成了開放給公眾參觀的「故宮博物院」。

　　每天早上，當宮門打開時，數以十萬計的遊客，懷著無限想像和好奇，踏著本來只有皇帝才能走的「御路」，張望這個曾經有十多萬人活動的大皇宮……

飛
鷹

獵
犬

　　皇宮裡的事物，是人的故事，和看著人物的動物。動物有動的與不動的：不動的以龍為首，佔據著宮中每一個重要的位置；動的以烏鴉為尊，在皇宮裡自由飛翔。紫禁城的東華門內曾設「鷹狗處」，鷹、狗皆有「公職」，忙著飛撲、圍捕，讓滿清皇族回味先祖在關外大草原狩獵的傳奇生活。此外，當然有象徵軍事力量的駿馬，和大朝慶典站班示威的大象。在明代則有一度叫遍後宮的蟋蟀，以及昏庸的明武宗所飼養的花豹。據說慈禧太后亦飼養了一隻滿臉奴才相的小猴子，巴巴地做著主子的寵物。還有便是既無公職，又無特別身份的小貓咪。

　　貓咪在宮中雖然沒有小狗那樣受歡迎，可又與備受愛護的烏鴉同樣自由 —— 烏鴉在天上飛，貓咪飛簷走壁。貓咪與烏鴉，在外朝和後宮之間，從古代到現代，都沒有創造過一件歷史，卻都看著每一個故事。

在說我嗎？

見過……

大朝慶典站班的大象

象徵軍事力量的 駿馬

全國一起捉的蟋蟀

見過……

沒有公職，但十分自由的 小貓咪

神
鴉

朱
果

滿族傳說有位仙女吃了由神鴉銜來的朱果而懷孕，

之後便生下滿族的「始祖」。

康熙皇帝聖駕回鑾的盛況

封建皇朝的　　獻俘儀式

明代的大臣　　被打屁股

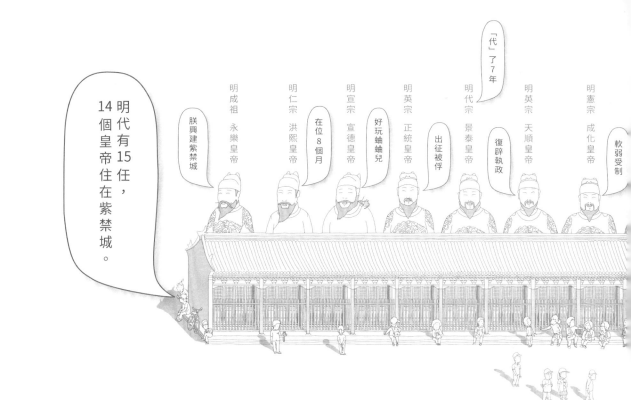

明代有15任，14個皇帝住在紫禁城。

明憲宗 成化皇帝
軟弱受制

明英宗 天順皇帝
復辟執政

明代宗 景泰皇帝
「代」了7年

明英宗 正統皇帝
出征被俘

明宣宗 宣德皇帝
好玩蛐蛐兒

明仁宗 洪熙皇帝
在位8個月

明成祖 永樂皇帝
朕興建紫禁城

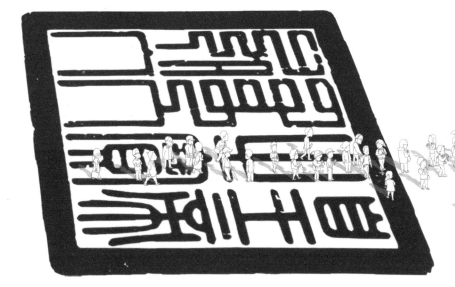

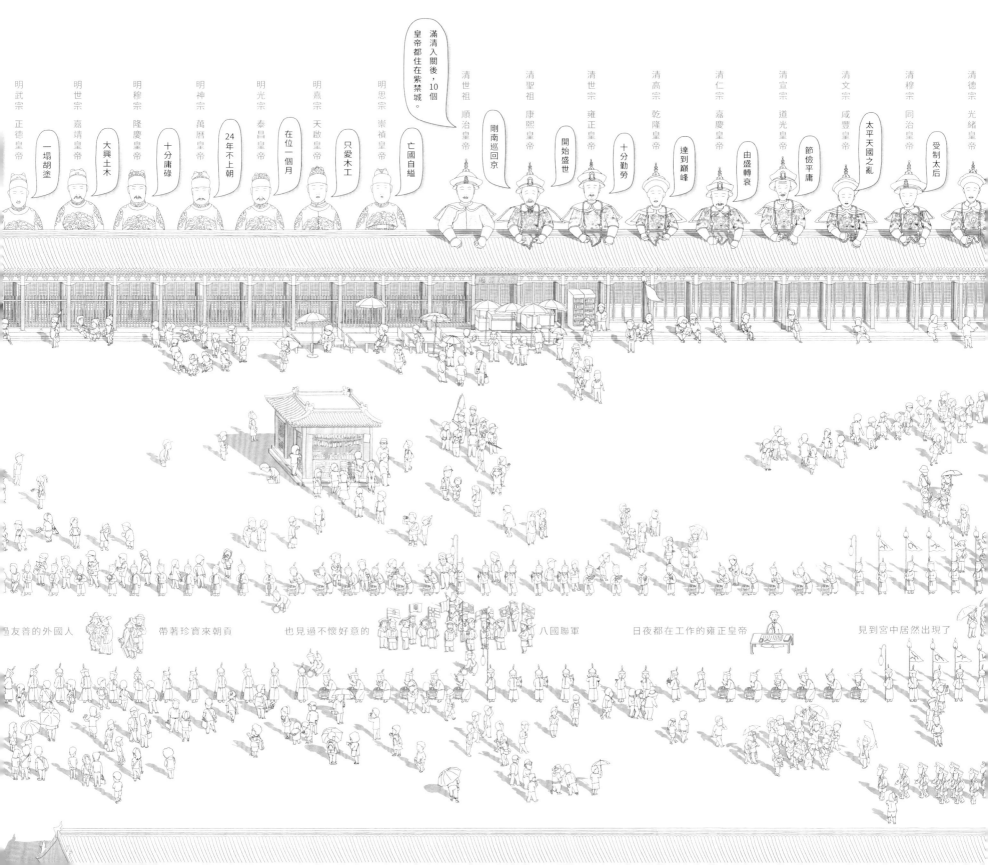

大國　午門

午門朝正南方（午位），是紫禁城的正門，亦是進入當時天下中心的皇宮的起點。
明朝的軍隊擊敗元軍，在唐末之後重新建立大一統的漢族政權。明人在地上起造最長
的長城，在地下構築最大的陵墓群；永樂帝（朱棣）向未知的海洋開出世上最龐大的
船隊；北京城是當時世上前所未有的大城市；明代在國勢最鼎盛的一刻建成不世的
皇宮——紫禁城。

每年朝廷在這裡頒佈曆書，確保百姓不誤耕時；新科狀元由此門而出；每朝群臣
摸黑到此候詔；戰俘在此進獻；明代初期萬民同歡的燈火會在此舉行；各國使節來朝
修好；清初康熙皇帝六次南巡，國力更是不可一世；清末八國聯軍經此闖入宮中。

午門既開宮城，亦開皇家；家事、國事，都是明、清兩代的天下大事。

皇上又騎車

那 一 年　　萬 國 來 朝

那一年（1761），乾隆 50 歲，皇太后七十大壽。

那一年，清廷平定了西域準噶爾部和回部的動亂。

也是這一年，紫光閣落成，將功臣畫像張懸於四壁。

一年前（1760），皇十五子顒琰（後來的嘉慶皇帝）生於圓明園。

乾隆皇朝，這一年（1761），萬國來朝。

往武英殿

熙和門

金水河

這是根據清《萬國來朝圖》畫軸重繪的場面，以敘事的角度從午門城樓上鳥瞰內金水橋，象徵大朝門的太和門前，各藩屬及外國使節
到來朝賀，是清皇朝最強盛的一刻。清高宗《大清一統志》序：「外藩屬國五十有七，朝貢之國三十有一。」

這一天　萬國又來朝

《萬國來朝圖》中粗略記有朝鮮國、汶萊、安南國、南掌國、馬辰國、柬埔寨、暹羅、馬六甲、宋腒勝國、柔佛、呂宋國、英吉利國、鄂羅斯國、荷蘭國、法蘭西國、大西洋國，以及大西洋屬國包括：波羅泥亞國、咖喇吧國、庫車、翁加里亞等國家，來使橫跨歐亞大陸。圖中可以見到各國使臣打著「中文版」的本國旗幟，帶同異獸、珍寶在殿外等候入朝貢賀。人多擁擠，朝廷安排官員專責維持秩序。畫軸為系列作品之一，出自無名宮廷畫師手筆。值得留意的是外朝原無樹木（有說是凸顯朝廷肅穆莊嚴，有說是避免五行中木剋王土之象），想畫家是為添畫意而栽飾。也可能因一般宮廷畫師的品級是不可能參與外朝典禮活動，更不可能拿著畫具在朝廷重地隨便作草稿記錄，故雖在宮中供職，前朝大殿的面貌也只能靠口述，或從文獻及古畫中求得了。畫軸中太和門外一對中國最大的銅獅子左右誤置（重繪場面已回復左雄右雌的綱常秩序，雄獅戲球，雌獅弄兒），其他諸如吉祥缸亦有所缺漏。就乾隆皇帝照樣興致勃勃地執筆題辭來看，皇上大概對殿宇結構亦不甚了了，反正已誌極盡熱鬧之盛，故不予追究。

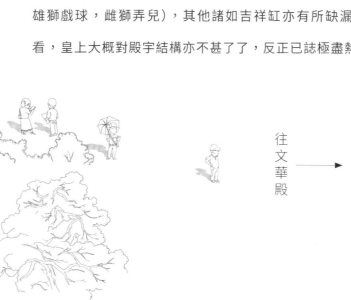

往文華殿 →

一年後（1762）乾隆第三次南巡，聖諭：「事事惟奢靡之是戒」，惟事事花費至巨。

最後一次 的大婚典禮

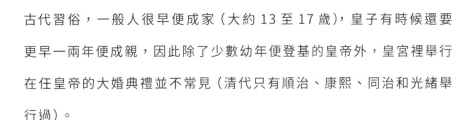

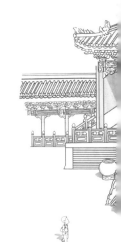

古代習俗，一般人很早便成家（大約 13 至 17 歲），皇子有時候還要更早一兩年便成親，因此除了少數幼年便登基的皇帝外，皇宮裡舉行在任皇帝的大婚典禮並不常見（清代只有順治、康熙、同治和光緒舉行過）。

大婚典禮在光緒十五年（1889）正月二十七日舉行，這年光緒 19 歲，已是「超齡」。大家都認為是因慈禧不願意出現家法規定「皇帝大婚後便開始親政」的情況，所以一直在拖延皇帝的佳期。

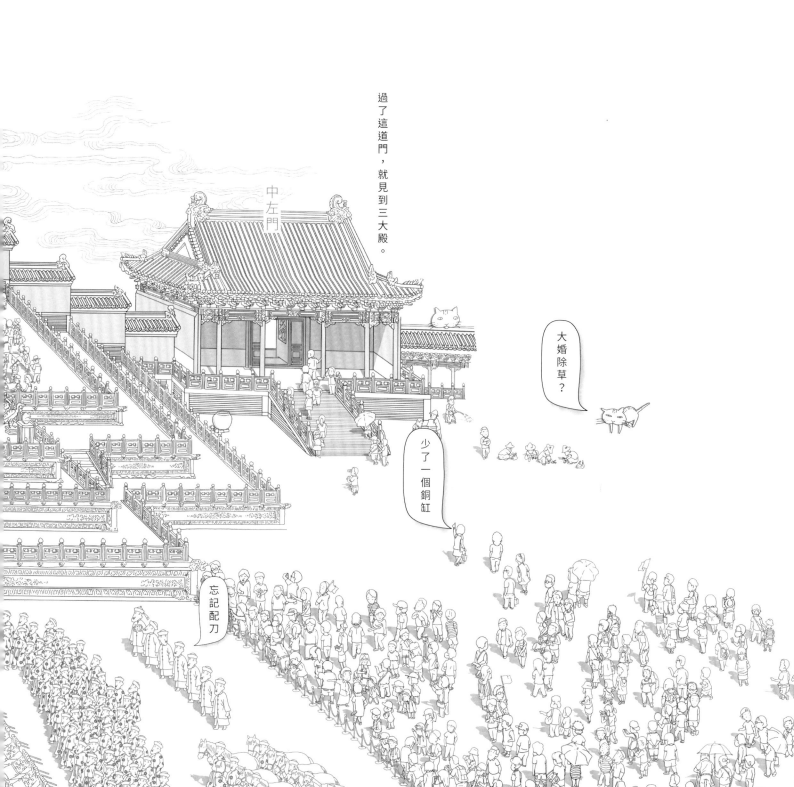

這次大婚，慈禧照例懿旨：「愛惜物力，不准稍涉浮冒。」結果卻是中國歷史中少見的奢侈婚禮，總共耗費銀兩 550 萬，約佔當年朝廷財政總收入的四分之一。照當年京師糧價折算，大婚所耗白銀，可購買近 400 萬石糧食，相當於 2,280 萬人一個月的口糧。光緒是清代舉辦大婚的最後一個皇帝，如此浪費的婚禮，一次已經太多！

《冊立奉迎圖》中的光緒　　　　　《禮節圖》中的光緒

圖中見到的是太和殿「大徵禮」的情景，最重要的「奉迎禮」在半夜吉時進行，「遊客」自然無緣觀禮。大婚禮儀前後持續了 104 天，歷時超過 3 個月。這時候的清朝國威不再，外侮迭起，粉飾太平的婚禮，只是慈禧的門面工夫。單是為大婚繪畫的圖冊就有 90 多幅，而光緒在畫卷中好像只露過兩次面，且都是背面，都在跪著，跪的都是慈禧……

【附】太和門大火

前文乾隆皇朝萬國來朝的太和門，在光緒大婚前 40 天曾發生大火。時值隆冬，內金水河凍結，只能鑿冰救火。大火持續兩天不滅，太和門乃至東、西朝房盡皆燒毀，包括在庫房裡為光緒結婚大典準備的各種服飾和禮儀用品都燒光。當時朝廷及各使館、水會支援的救火隊，動員 7,000 多人，事後賞賜、慰勞、答謝，自然又是另一筆花費。現在故宮內所見的便是當年災後重修的太和門，建材由楠木改為松木，當年工部上奏就「採料、拉運」的例銀是 23 萬 5 千餘兩。換言之，光緒大婚所用白銀，足可修建 23 座太和門有餘哩！

家國之間

皇宮素稱「大內」，而在三大殿之後的「後宮」，由一堵 1.6 公里長的紅牆相隔，這片皇宮最隱密之地，是名副其實「大內裡的大內」。乾清門廣場在保和殿後，比例短度闊封（寬 200 米，深 50 米，中間最窄處僅約 30 米）。後宮建築群都較低矮，站在保和殿後超過 8 米高的高台上鳥瞰，卻只能見到內廷殿宇一片連綿的金黃瓦脊在蕩漾，明明一覽無遺，卻又什麼都看不見，關鍵就在這短短的 30 米。

此外，除中軸上的殿門是按皇宮大中軸平衡對稱的法則而開外，兩旁南北進出的門戶，並不成一直線，這樣既配合「風水」的「聚氣」概念，同時又起了防止窺探的保密作用，空間處理確實十分巧妙。

乾清門廣場已是後宮範圍。清代皇帝在前「早朝」，在後「大寢」，換言之這裡是「國」、「家」交界。前朝大臣、後宮內侍，除非得皇帝恩准，否則一生也走不過這一界線哩！

中左門

後左門

萬國來朝的使節無故闖入後宮

官員從人在此等候

乾清宮為內廷後三宮之首，明、清兩代先後曾有 15 個皇帝住在這裡，在雍正皇帝之後仍是名義上的皇帝正寢，每遇皇帝賓天——去世，都會停柩於此宮，作名實相符的壽終「正寢」。乾清宮在明代時並不用作接見朝臣，內裡神秘，《清宮述聞》記載：「⋯⋯共置二十七張床，天子隨時居寢，制度殊異。」皇帝一個人睡 27 張床，當然「殊異」。每個晚上就連近身太監也不知皇上睡在哪裡，但這種「躲迷床」的嚴密防範仍不能令皇帝高枕無憂——明代一再出現的「奇案」，都發生在乾清宮。清代雍正皇帝移居養心殿後，乾清宮開始用作朝務、接見外使，每逢元旦、元宵、端午、中秋、重陽、冬至、除夕、萬壽等節日都在此賜宴和舉行內朝禮。

此外，宮內還有那塊著名的「正大光明」匾額，和更著名的「建儲匣」。話說雍正鑑於康熙晚年皇子之間奪取皇位的明爭暗鬥過於激烈，於是想到一個中國歷史上從未有過的建儲辦法：皇帝在生時先秘密寫下兩份所選皇位繼承人的詔書，一份貼身不離，另一份則放在匾額後的「建儲匣」內。一旦皇帝駕崩，即由朝中顧命大臣當眾取下「建儲匣」，取出遺詔，與皇帝秘藏在身的一份核對無誤後，便宣佈新任皇位的繼承人。一切都在「正大光明」背後進行，自此清代皇權交替亦遠較以往溫和。經「建儲匣」登基的皇帝有 4 位，分別是乾隆、嘉慶、道光和咸豐。到了清代後期，咸豐只有一個兒子，同治和光緒都沒有兒子，儲君權都操控在慈禧手中了。

明代

嘉靖皇帝

仙丹 妄想

在養心殿煉丹藥

萬曆皇帝

藏寶

33年怠政，曾把二百
多萬兩銀私埋殿後。

太監魏忠賢

使壞

在養心殿硃筆批改大臣
奏章，代宣皇旨。

明代中後期的皇帝都很不像話。嘉靖好煉邪藥，將後宮變成一個大丹
爐，結果惹來宮婢集體「宮變」，飽受虛驚，竟要遷出紫禁城逃避；
萬曆貴為皇帝，居然把銀兩埋在養心殿後，又盡被太監盜去，跡近
兒嬉，且長年不上朝，種下覆亡禍根。皇帝昏庸、太監弄國，明代
的養心殿，並無特別記載，乏善可陳。

養心殿 莫善於寡慾

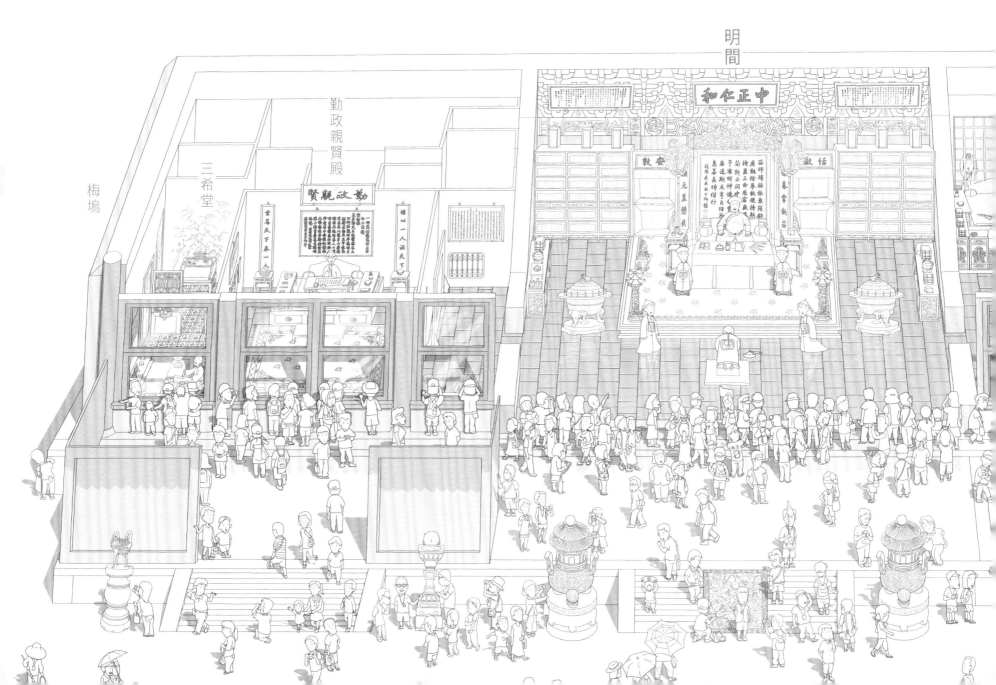

明間

梅塢

三希堂

勤政親賢殿

勤政親賢

中正仁和

清代

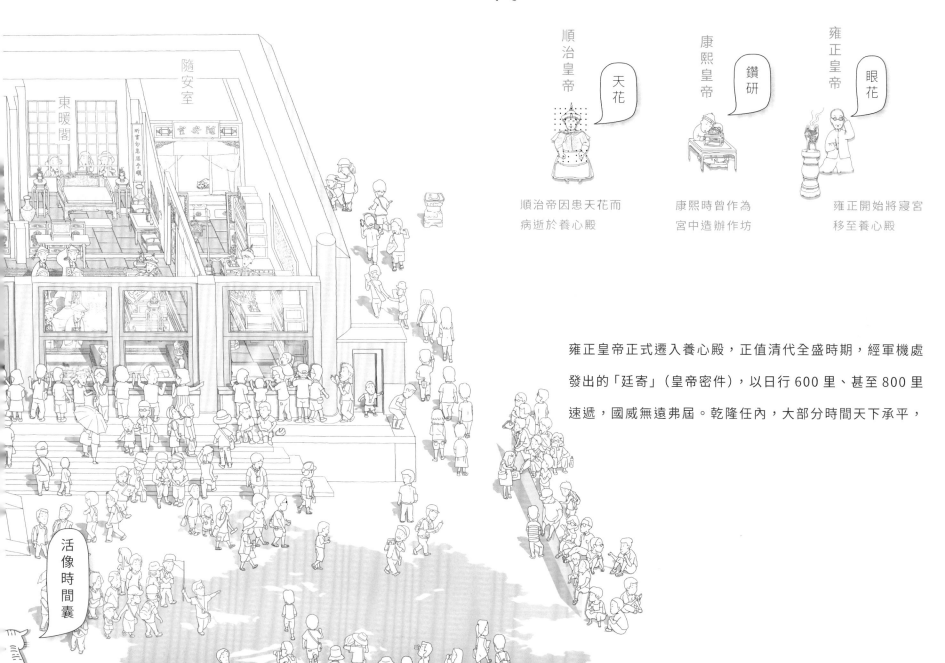

順治皇帝
天花

順治帝因患天花而
病逝於養心殿

康熙皇帝
鑽研

康熙時曾作為
宮中造辦作坊

雍正皇帝
眼花

雍正開始將寢宮
移至養心殿

隨安室

東暖閣

活像時間囊

雍正皇帝正式遷入養心殿，正值清代全盛時期，經軍機處發出的「廷寄」（皇帝密件），以日行 600 里、甚至 800 里速遞，國威無遠弗屆。乾隆任內，大部分時間天下承平，

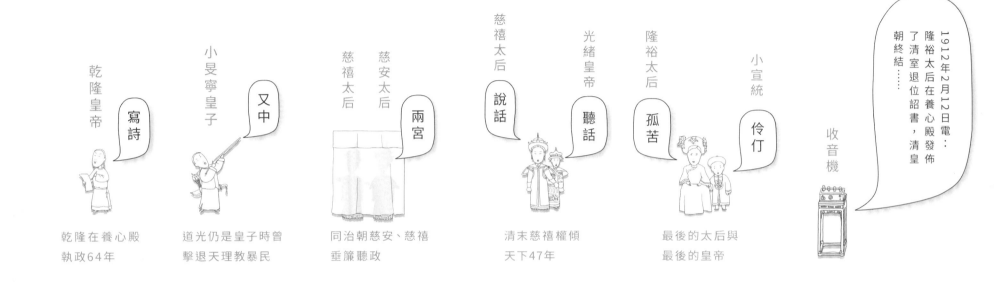

乾隆皇帝
寫詩
乾隆在養心殿
執政64年

小旻寧皇子
又中
道光仍是皇子時曾
擊退天理教暴民

慈禧太后
慈安太后
兩宮
同治朝慈安、慈禧
垂簾聽政

慈禧太后
說話
光緒皇帝
聽話
清末慈禧權傾
天下47年

隆裕太后
孤苦
小宣統
伶仃
最後的太后與
最後的皇帝

收音機

1912年2月12日電：隆裕太后在養心殿發佈了清室退位詔書，清皇朝終結……

退位之後，宮中仍在使用他的年號。養心殿內之所以一直保留著這位中國歷史上最是福壽雙全的皇帝的風雅書齋，主要是因他的地位崇高，也因為之後繼任的皇帝已無魄力改革和超越。一切都在盛世中不自覺地鬆懈、褪色。到了溥儀的小朝廷，養心殿中堆滿雜物，一心復辟的末代皇族那種破落景況，在今日經復修後的養心殿已很難想像了！

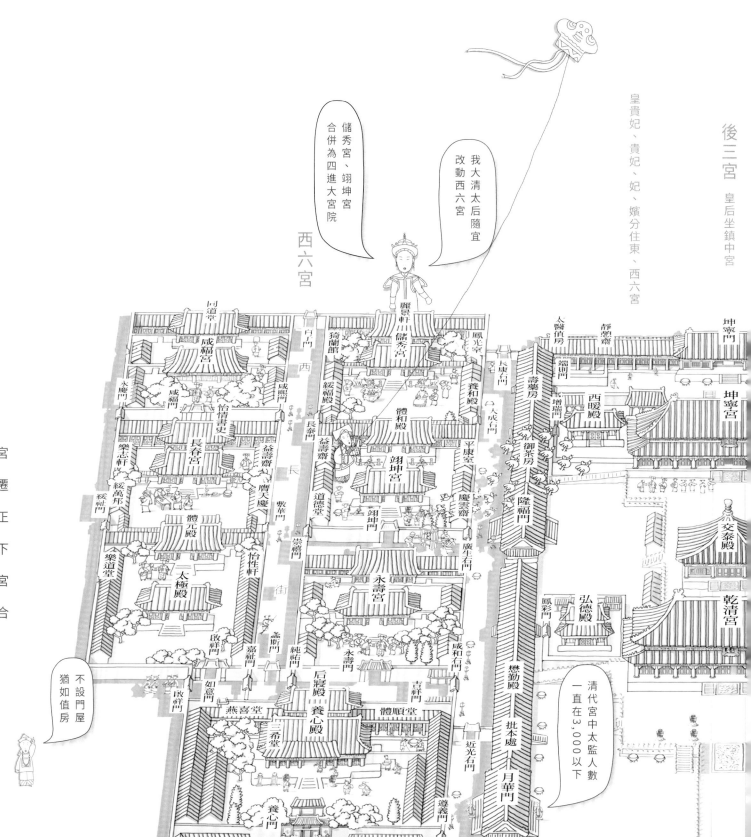

皇貴妃、貴妃、妃、嬪分住東、西六宮

儲秀宮、翊坤宮
合併為四進大宮院

我大清太后隨宜
改動西六宮

西六宮

明、清兩代都以後三宮中的乾清宮
為皇帝正寢，直至清雍正將寢宮遷
往養心殿。坤寧宮後來亦由皇后正
寢改為大婚及祭神之用。皇后以下
嬪妃分別居於東、西六宮。各宮
長寬皆 50 米，為規模劃一的三合
院落，不設門屋。

不設門屋
猶如值房

清代宮中太監人數
一直在 3,000 以下

同道堂　儲秀宮　麗景軒
咸福宮　琦蘭館
永慶門　咸福門　咸熙門　綏福殿　鳳光室　養和殿
怡情書史　體和殿　長康左門
樂志軒　益壽齋　大成右門
綏萬邦　膺天慶　道德堂　翊坤宮　益壽齋　平康室
體元殿　怡性軒　翊坤門　慶雲齋　壽藥房
綏祉門　敷華門　崇禧門　廣生右門　御茶房
太極殿　永壽宮　隆福門
樂道堂
啟祥門　蠲斯門　純祐門　永壽門　咸和右門　戀勤殿　批本處
嘉祉門　如意門　后寢殿　養心殿　體順堂　吉祥門　鳳彩門
啟祥門　燕喜堂　三希堂　近光右門　月華門
養心門　遵義門

坤寧門　太醫值房　靜憩齋
端則門　坤寧宮
增瑞門　西暖殿
交泰殿
弘德殿　乾清宮

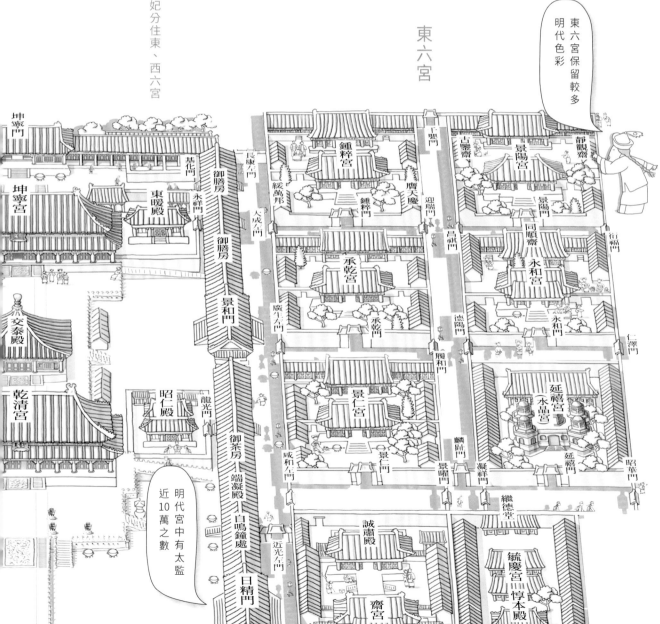

東六宮

嬪以下貴人、常在、答應隨皇貴妃分住東、西六宮

東六宮保留較多明代色彩

明代宮中有太監近 10 萬之數

清後宮宮眷依序分為八級：

皇后一位（服侍宮女 10 人）

皇貴妃一位（宮女 8 人）

貴妃兩位（各宮女 8 人）

妃 4 位（各宮女 6 人）

嬪 6 位（各宮女 6 人）

貴人不限（各宮女 4 人）

常在不限（各宮女 3 人）

答應不限（各宮女 2 人）

宮女總共不超過 2,000 人

乾隆年間，宮中、外圍有太監 2,605 名。

光緒年間有 1,693 名。溥儀在回憶宮中生活時

說西太后有 3,000 多名太監，在最後的日子他

只有太監 10 名，都未必正確。

慈禧太后

越10年間由貴人六級晉升至太后

常稱蘭貴人

葉赫那拉氏（1835－1908）
傳乳名杏兒，學名杏貞，又傳乳名蘭兒。

喜愛蘭花

入宮

入住儲秀宮

18 歲（1852）經選秀入宮，賜號「蘭貴人」。

20 歲（1854）晉「懿嬪」。

22 歲（1856）生皇子載淳，當日晉「懿妃」。

23 歲（1857）晉「懿貴妃」。

26 歲（1860）英法聯軍攻陷北京，隨咸豐皇帝避禍承德避暑山莊。

27 歲（1861）咸豐皇帝駕崩，皇子載淳繼位（同治），被尊為「聖母皇太后」。

發動政變，兩宮太后垂簾聽政。

後來的同治皇帝

有喜

重返儲秀宮

28 歲（1862）晉徽號「慈禧」。

41 歲（1875）同治皇帝駕崩，由醇親王奕譞之子載湉繼位（光緒）。

最豪華宮院

50 歲（1884）為慶祝五十大壽，從長春宮返儲秀宮，並重修宮室，耗費白銀 63 萬兩。

54 歲（1888）光緒帝大婚，翌年親政。慈禧繼續「訓政」。

60 歲（1894）六十大壽慶典，挪用海軍軍費重修頤和園，導致甲午戰爭戰敗。

64 歲（1898）囚禁發起戊戌變法失敗的光緒皇帝，後重行訓政。

66 歲（1900）因義和團之亂，八國聯軍攻入北京，帝后出逃西安避禍。

67 歲（1901）《辛丑條約》簽訂後，兩宮回鑾。

74 歲（1908）光緒皇帝駕崩後一天，病逝，溥儀為帝（宣統）。

太后

27歲開始管治了大清 47年

諡號字數之多，為中國歷代皇后中之最。

孝欽慈禧端佑康頤昭豫莊誠壽恭欽獻崇熙配天興聖顯皇后

道德堂

翊坤門

翊坤宮・儲秀宮
太后還在賀大壽

自入宮的一刻起，慈禧便與儲秀宮結下一生的不解之緣：經選秀女入宮，得咸豐寵幸，成為懿貴人，在儲秀宮居住，並在這裡誕下未來的同治皇帝。成為皇太后的慈禧，在五十大壽時搬回年輕時住過的儲秀宮，並將之與翊坤宮貫通合併改成一個長 102 米、寬 50 米，合共 5,100 平方米的大宮院作為頤養天年的地方，總共用了白銀 63 萬兩。儲秀宮裡值班太監 20 多人，宮女、女僕 30 多人，總共五、六十人一起服侍太后。慈禧在這裡又住了 10 年。像舉行了 10 年的壽辰，直至六十大壽時，她才又移到下一個「舞台」——寧壽宮的樂壽堂，那是乾隆為退休而興建的宮殿花園。

太上皇的設計

多好

為了打破狹長的單調及兩邊宮殿和高牆的壓逼，乾隆用了一個「以限制對限制」的方法──以山石樓閣再「圍」出 4 個不同的「空間袋」（space cell），這是國畫長卷慣用的空間佈局手法，圍得越小，引起的想像就越大（所謂的「壺中天地」）。尤其西邊的 8 米高牆，既成山石樓閣的襯托，必要時更成為園景的「佈白」（無限空間）。乾隆好文墨、慕風雅，算是得心應手。於是花園便分為四進，主題都是「我我我」。

第四進，皇帝還須有皇帝的氣勢。

第三進，看我一生鍾情的靈山秀水。

第二進，我最希望平淡的生活。

第一進，我風雅得很。

符望閣

倦勤齋

珍妃井

萃賞樓

頤和軒

遂初堂

三友軒

樂壽堂

旭輝庭

古華軒

養性殿

禊賞亭

衍祺門

第一進　隱逸皇帝

入門堆石「屏俗」

「曲水流觴」

旭輝亭迎

這邊是高大的宮牆

楠木素雕

好含蓄

好風雅

好朝陽

旭輝庭

好品味

禊賞亭

古華軒

衍祺門

矩亭

抑齋

擷芳亭

承露台

這邊是高大的宮殿

預告

花園一般以牆屏隔，這裡在門外已
「滲出」山樹假石，在皇宮中較少見。

花園從衍祺門入，即疊石為屏，先抑後揚，右邊矩亭後即見抑齋。

禊賞亭和古華軒均為第一進的重點建築，一羨慕晉人之「流杯渠」雅集，一就古楸樹建軒。

登高樓

好氣勢

好精緻

好傷感

玉粹軒

符望閣

倦勤齋

珍妃井

碧螺亭

專家以四進花園的中軸調動為乾隆的神來之筆。就算這是神來之筆，第四進花園已放下了人文情調、出塵簡樸、精緻山川，回到太上皇的世界。符望閣無視 8 米紅牆，拔高而起，西望建福宮花園的延春閣，那是乾隆七年（1742）築構的花園。乾隆三十七年（1772），符望閣按著延春閣的形式起造。兩座高樓，雙雙「坐鎮」宮中北牆，都是乾隆的傑作。東西相看，這一眼，看盡金碧輝煌 30 年。

位於對著符望閣的小假山上，外形作五瓣並飾以梅花，又稱碧螺梅花亭。「碧螺春」為康熙當年南巡時御賜茶名。每年 12 月，乾隆設御宴於符望閣，碧螺亭含春色，兼以「梅花報春」應景。

中軸上　御花園

花園緊接後宮，南北長 80 米，東西寬 140 米，佔地 12,000 平方米，在宮中花園中面積最大，地位最突出。

御花園坐落在紫禁城神聖的中軸之上，受禮制、宗法秩序的約束，要平衡、對稱，要讓帝王后妃餘閑休憩、頤養遊玩，藏書、讀書，偶爾要具備祭祀功能，還要是個花園，難題真不少。所以這花園講究的是如何在嚴肅的宮殿群中佈置出一個較自然的點綴空間，而不在放逸野趣上。事實上，宮中再大的花園其實也只屬於盆景式的自然「裝置」，對皇族來說，真正的皇家園林應是比御花園大 240 倍的頤和園、大 290 倍的圓明園和大 470 倍的承德避暑山莊，這點不可不知。

園內以對稱方式佈置了近 20 座建築物。絳雪軒對養性齋，萬春亭對千秋亭，浮碧亭對澄瑞亭，凝香亭對玉翠亭，摛藻堂對位育齋等等。御景亭與延輝閣，是兩個不同的「堆高」呼應景點。東面的絳雪軒以抱廈作「凸」字，西面的養性齋兩廂呈「凹」形，都是在秩序中的靈活處理，烘托中軸上供奉北方玄武大帝的欽安殿。滿清皇室向來雅聚所好，花園既為集殊香異色以奉皇帝一人，就算出現「幾無隙地」的佈置，也不為過。

往西六宮

養性齋

瓊苑西門

大醫值房

靜憩齋

往後三宮

這園裡的小徑上鋪著 900 多幅用石子嵌成各種主題的圖畫、故事。

小徑繞過 70 多棵百年以上的樹木和 50 多棵 300 年以上的古樹。

園中最多的花卉是富貴牡丹和盆蘭。

一生體弱的咸豐原來曾在花園裡演練刀法。

嘉慶年間尚有鹿鳴放鶴。

道光在此選秀女。

清代由 26 名太監專司園內雜務、坐更等事。

又有太監 15 名，俱充道士，負責經懺、香火等事。

溥儀、溥傑在連理樹前拍照。

溥儀、婉容夫婦在聽英文教習莊士敦說洋語。

63 歲的印度詩人泰戈爾到訪。

園內有 40 多件以太湖石為主的石盆景，最大的石景是一座小山。

每逢九月九日，清皇帝、皇后、妃嬪在此登高應節。

據說光緒的瑾妃（珍妃的姐姐）曾在景山東側替娘家置一宅院，

然後幾乎每天黃昏都登上堆秀山，相約娘親用望遠鏡互相眺望，

相看持續了好幾年，直至瑾妃病逝。

這些大內故事，

今天都隨遊人說了！

【附】溥儀的遊園排場

「我（溥儀）到宮中的御花園去玩一次，也要組成這樣的行列：最前面是一名敬事房的太監，他起的作用猶如汽車喇叭，嘴裡不時地發出『吃——吃——』的響聲，警告人們早早迴避，在他們後面二三十步遠是兩名總管太監，靠路兩側，鴨行鵝步地行進；再後十步左右即行列的中心（我或太后）。如果是坐轎，兩邊各有一名御前小太監扶著轎杆隨行，以便隨時照料應呼；如果是步行，就由他們攙扶而行。在這後面，還有一名太監舉著一把大羅傘，傘後幾步，是一大群拿著各樣物件和徒手的太監：有捧馬扎以便隨時休息的，有捧衣服以便隨時換用的，有拿著雨傘旱傘的；在這些御前太監後面是御茶房太監，捧著裝著各樣點心茶食的若干食盒，當然還有熱水壺、茶具等等；更後面是御藥房的太監，挑著擔子，內裝各類常備小藥和急救藥，不可少的是燈心水、菊花水、蘆根水、竹葉水、竹茹水，夏天必有藿香正氣丸、六合定中丸、金衣祛暑丸、香薷丸、萬應錠、痧藥、避瘟散，不分四季都要有消食的三仙飲，等等；在最後面，是帶大小便器的太監。如果沒坐轎，轎子就在最後面跟隨。轎子按季節有暖轎涼轎之分。」
（見溥儀：《我的前半生》）

神武門

紫禁城的北門

神武門開在宮城的正北方，距午門 961 米。說宮門深似海，不全是物理的距離，而是規矩。皇家規矩大，分尊卑、分內外、分男女，按禮制、按宗法再按宮規。明清兩代，宮中實無一人（包括皇帝）有走畢這段距離的自由。

神武門在明代叫做「玄武門」，玄武是北方神靈，御花園中最主要的欽安殿便是供奉統理北方的玄武大帝。入清之後，為避康熙（玄燁）名諱（以免整天叫著皇帝的名字），便改為神武門。此門在形制上僅次於午門，在活動方面則為各門之首，不論內廷外事、雜務以至宮女與家人見面都經神武門進行。皇帝在非關朝儀的活動亦利用此門進出。清嘉慶八年（1803）二月皇帝從圓明園回宮，入神武門至順貞門時，突然有刁民陳德撲出趨前行刺，行動未果，束手就擒。嘉慶飽受虛驚，陳德寧死不招，伏法。此事不了了之，嘉慶亦無可如何，是清宮無頭公案之一。

1924 年 11 月 5 日，溥儀、婉容夫婦被民初軍閥馮玉祥手下鹿鍾麟逼令出宮。當天下午 4 時，溥儀夫婦登上汽車，出神武門離開。紫禁城自 1420 年落成，兩代皇族先後在這座皇宮裡住了 504 年。傳統中國人有句老話：「氣數不出五百年」，輾轉又過了差不多一個世紀，故宮至今已超過 600 年歷史了，看來縱有「氣數」，也是封建「已盡」而已。

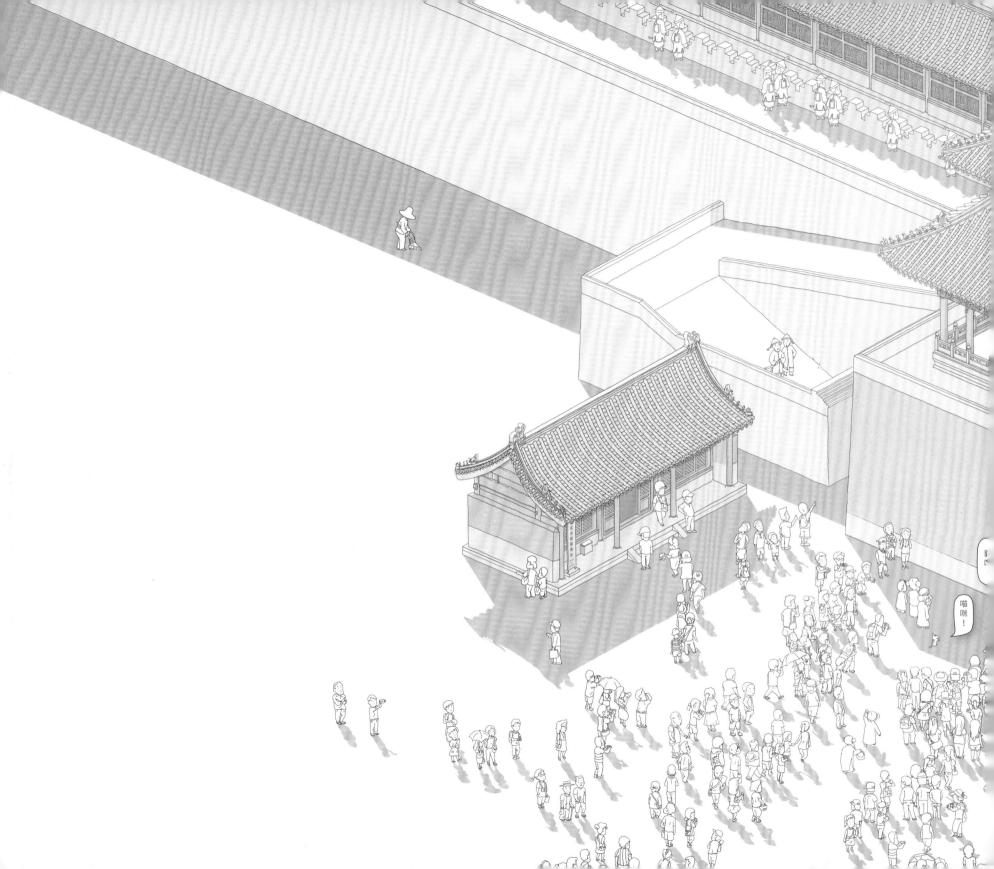

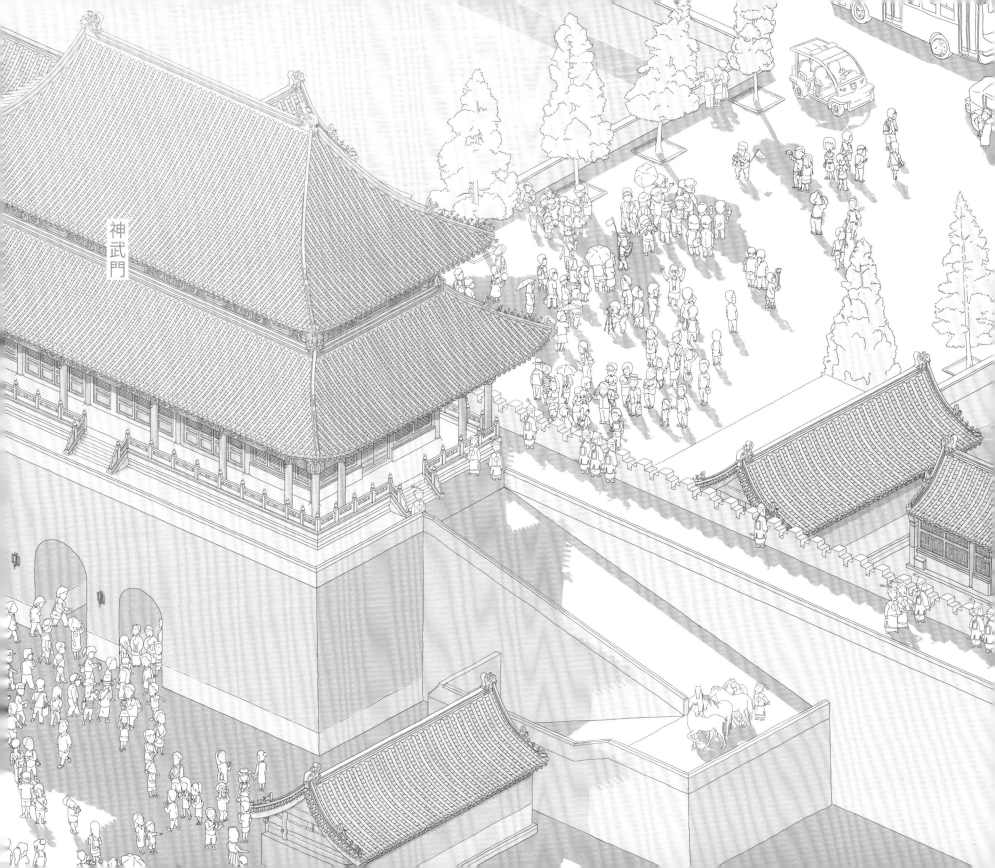
神武門

寫給將來的您

您好！

既然紫禁城保存至今已經超過六百年，希望您也可以把這本書好好保存，幾時想起便可翻出來看看，長大了又可打開來看——看您小時候，我們給您講的故事。然後，該是時候由您想一想，要怎樣將故事說給您的小朋友聽了！

故宮裡的一切，基本上都是有生命的。就在您的小時候，這個世界已開始變得不太真實，人與人之間已逐漸不牽手，動物漸漸減少，植物除了在公園，就是在海報或屏幕裡才可見。「活生生」這個詞的解釋要快速調整來適應迅速遠離「活生生」的生活。每一件事，都讓人思考。

我們總有一些自己珍惜的東西，這些東西代表著一些故事、回憶或者貴重的價值。變成了博物院的紫禁城，本身就是一件大寶物，裝載著明、清兩個皇朝最重要的歲月，代表了一個民族，甚至整個人類都珍惜的故事和回憶，這一切，都藏在這座人類最大的皇宮裡。

其實，在說給還是小朋友的您聽時，我們已不太了解六百多年前，曾經有十多萬人（如果記載是真的）在裡面生活和活動的皇宮是怎樣的一回事。根據2009年的統計，最多遊客參觀故宮的一天，人數正好就是十多萬。這是比一個主題公園還要多的參觀人數，對一座皇宮來說，實在太不可思議了。

我們，至少我們中的絕大多數，不會是皇帝、嬪妃、皇子或大臣，也不可能完全明白沒有電子技術的通訊、資訊和娛樂的皇宮歲月會是如何度過的。但我們相信，無論什麼世代，只要是人，無論他是誰，都會有快樂和不快樂的時候，都會有關懷和被關懷的盼望。這些盼望，會以不同的形式一代一代地傳下來，傳到我們的手上，然後交給小時候的您。

讓將來的您，用您將來的方式，將盼望帶到您們的小朋友的世界裡，好嗎？

《我的家在紫禁城》系列叢書於2010年面世，至今仍能夠再和讀者見面，實有賴故宮博物院原常務副院長暨故宮出版社社長王亞民先生多年以來的關懷和愛護，王亞民先生與我既師亦友，情誼匪淺。謹在此表達由衷的感謝。

趙廣超
設計及文化研究工作室

《我的家在紫禁城》系列

在紫禁城

著　　者	趙廣超　陳漢威	
監　　製	謝立文　趙廣超	
創　　意	麥家碧　陸智昌	
協　　力	馬健聰　吳靖雯　張志欣	
	蘇　珏　吳啟駿	
責任編輯	王　昊　張軒誦	
創作團隊	設計及文化研究工作室有限公司	
出　　版	三聯書店（香港）有限公司	
	香港北角英皇道 499 號北角工業大廈 20 樓	
	Joint Publishing (H.K.) Co., Ltd.	
	20/F., North Point Industrial Building,	
	499 King's Road, North Point, Hong Kong	
香港發行	香港聯合書刊物流有限公司	
	香港新界荃灣德士古道 220-248 號 16 樓	
印　　刷	陽光（彩美）印刷有限公司	
	香港柴灣祥利街 7 號 11 樓 B15 室	
版　　次	2023 年 5 月香港第一版第一次印刷	
規　　格	特 8 開（280 x 230mm）74 面	
國際書號	ISBN 978-962-04-4715-0	

©2023 Joint Publishing (H.K.) Co., Ltd.

Published in Hong Kong, China.

本計劃的前期研究工作由何鴻毅家族基金贊助，故宮博物院支持。

鳴　謝

故宮博物院原常務副院長暨故宮出版社社長王亞民先生、故宮出版社文化旅遊及
雜誌部同仁，以及各位曾經給予本計劃指導的專家。

設計及文化研究工作室

由趙廣超先生於 2001 年成立，一直致力研究和推廣傳統以至當代的藝術和設
計文化。研究及工作範圍由書籍出版延展至包括數碼媒體、展覽、教育項目等
不同形式的嘗試，並積極與不同地域的單位合作，共同推動公眾乃至海外人士
對中國藝術及設計的興趣與認識。
2010 年，設計文化研究工作室有限公司正式註冊為香港慈善團體。
2015 年，故宮出版社與工作室共同成立故宮文化研發小組。

工作室致力於撰述有關中國藝術文化的普及讀物，已出版項目包括：
《不只中國木建築》、《筆紙中國畫》、《筆記清明上河圖》、
《大紫禁城 —— 王者的軸線》、《國家藝術 · 一章木椅》、
《國家藝術 · 十二美人》、《大紫禁城宮廷情調地圖》及《紫禁城 100》等。

《我的家在紫禁城》系列

《一起建前朝　一起看後宮》
《您們這裡真好！—— 小動物起宮殿》
《皇帝先生您好嗎？》
《故宮三字經》
《在紫禁城》
《幸福的碗》